4ᵉ SECTION

GROUPEMENT DES INDUSTRIELS

DES SERVICES DE L'INTENDANCE ET DE SANTÉ

RÉAPPROVISIONNEMENT
EN CHARBONS

DISPOSITIONS EN VIGUEUR À LA DATE DU 31 AOÛT 1917

PARIS

IMPRIMERIE NATIONALE

1917

4ᵉ SECTION

GROUPEMENT DES INDUSTRIELS
DES SERVICES DE L'INTENDANCE ET DE SANTÉ

RÉAPPROVISIONNEMENT
EN CHARBONS

DISPOSITIONS EN VIGUEUR À LA DATE DU 31 AOÛT 1917

PARIS

IMPRIMERIE NATIONALE

1917

TABLE.

A.

B.

C.

D.

A.

ORGANISATION GÉNÉRALE.

a) La production, l'importation et la répartition des combustibles sont dans les attributions de M. Loucheur, Sous-Secrétaire d'État des Fabrications de guerre.

b) Le Bureau national des Charbons (n° 107, boulevard Raspail, Paris) est l'organisme central d'exécution qui transmet aux mines et aux ports les ordres du Ministre.

c) A côté du Bureau national fonctionne un Comité de répartition des combustibles composé comme suit :

Le Directeur du Bureau national des Charbons, *Président ;*

Un délégué du Ministre de l'Intérieur, *Membre ;*

Un délégué du Ministre de la Guerre, *Membre ;*

Un délégué du Ministre de l'Armement, *Membre.*

Ce Comité a pour objet de donner au Bureau national des Charbons toutes indications nécessaires à la répartition dont il décide sous l'autorité du Ministre.

d) Les houillères sont réunies en « arrondissements minéralogiques » à la tête desquels sont placés des Ingénieurs en chef du Service national des Mines (1),

---

(1)   *Liste des arrondissements minéralogiques.*

ARRAS : Siège à BOULOGNE-SUR-MER ; Bureau permanent à BRUAY.
CHALON-SUR-SAÔNE.
SAINT-ÉTIENNE.
GRENOBLE.
MARSEILLE.
ALAIS.
TOULOUSE.
CLERMONT-FERRAND.
POITIERS (Siège provisoirement à BOURGES).
BORDEAUX.

chargés de contrôler l'exploitation des houillères et d'assurer l'exécution des décisions ministérielles transmises par le Bureau national des Charbons.

Auprès de chaque Ingénieur en chef fonctionne un « Bureau permanent des Charbons » sorte de prolongement du Bureau national.

e) Dans chaque port (1) (ou groupe de ports) est installé un « Délégué du Bureau des Charbons » qui y joue un rôle analogue à celui joué auprès des Mines par l'Ingénieur en chef.

f) Dans chaque port fonctionnent : 1° Une Commission d'administration commerciale, dite « Commission A », qui a pour objet de concourir à l'exécution des mesures prescrites par l'Administration en vue de faciliter l'importation régulière et rapide des charbons, en assurer le contrôle à l'arrivée et en préparer la distribution au départ du port.

2° Une « Commission locale de contrôle des prix de revient des charbons importés, dite « Commission B », chargée d'établir des barèmes de prix pour les cargaisons transportées par navires :

Des pavillons alliés à fret taxé ;

De pavillons neutres affrétés au voyage sur les taux établis par le Comité interallié d'affrètements ;

---

(1)   *Représentants du Bureau national des Charbons dans les ports d'importations.*

De DUNKERQUE au TRÉPORT : Capitaine COUSIN, quai du Bassin, n° 58, BOULOGNE.

DIEPPE : Contrôleur HÉDIN ; Bureau national des Charbons, DIEPPE.

LE HAVRE et FÉCAMP : Lieutenant VERDIÈRE, parc d'artillerie, LE HAVRE.

De HONFLEUR à GRANVILLE : Capitaine LACARRIÈRE, Ponts et Chaussées, CAEN.

SAINT-MALO, SAINT-BRIEUC, BREST : Lieutenant HOGREL, Ponts et Chaussées, SAINT-MALO, (Tél. 1-92).

BREST : Lieutenant MADAUD, quai de la Douane, n° 54, BREST (Tél. 49).

LORIENT : Capitaine PESLIN, à la Mairie d'HENNEBONT.

NANTES, SAINT-NAZAIRE : Lt-Colonel ÉTIENNE, rue Racine, n° 19, NANTES (Tél. 1-25).

LA ROCHELLE-SABLES : Mécanicien principal de la Marine LEVISAGE, Agence MANZOLF : à LA PALLICE.

BAYONNE : Capitaine WIBRATTE.

BORDEAUX : Capitaine LUCAS DE PESLOUAN, rue Jean-Jacques-Bel, n° 2.

ROUEN : Capitaine RAVEL, rue Jeanne-d'Arc, n° 48, à ROUEN.

De pavillons neutres affrétés en time-charter suivant les accords franco-anglais;

De pavillons neutres affrétés en time-charter en dehors des accords franco-anglais s'il y a lieu.

Les prix de ces barèmes, qui constitueront une approximation des prix réels, pourront être utilisés pour régler les accords amiables à intervenir et devront, en tous cas, être employés pour le règlement provisoire que devront accepter, sous forme d'acompte immédiat, les bénéficiaires des cargaisons déroutées.

En cas de désaccord, le vendeur doit produire ses justifications devant la Commission et celle-ci décide s'il y a lieu de proposer d'accorder un supplément et en indique la quotité.

Il peut être fait appel en cas de contestation persistante avec le vendeur, et le différend peut toujours être porté à la Commission centrale de taxation des charbons et des frets, à moins qu'il ne soit procédé par voie de réquisition.

g) Pour répondre au désir exprimé par l'Administration, il s'est, d'autre part, constitué dans les différents ports des « Groupements d'importateurs » professionnels, qui se sont mis à la disposition du Bureau national des Charbons pour : seconder les projets du Sous-Secrétaire d'État des Fabrications de guerre; recevoir en commun les charbons pour le besoin des foyers domestiques, de l'agriculture, de la petite industrie; procéder à la fabrication intensive des agglomérés; approvisionner les groupements (Armement, Intendance ou Chambres de commerce) qui désireraient leur concours, sous le contrôle de l'Administration, pour l'importation de tout ou partie des contingents de charbon anglais dont ils sont attributaires.

h) Le littoral français est divisé en cinq arrondissements d'importation :

I. Dunkerque à Rouen;

II. Honfleur à Granville;

III. Bretagne (Saint-Malo à Lorient);

IV. Atlantique-centre (Saint-Nazaire à Bordeaux, rive droite);

V. Atlantique-sud (Bordeaux, rive gauche, à Bayonne).

En principe, on n'importe plus de charbons anglais par la Méditerranée.

A chacun de ces arrondissements d'importation (comme à chacun des arrondissements minéralogiques) sont rattachés un certain nombre de départements dont l'ensemble constitue la « zone de desserte » des ports (ou des mines) de l'arrondissement d'importation (ou de production).

C'est en tenant compte de ces zones de desserte que le Bureau national des Charbons décide des contingents à attribuer aux consommateurs de chaque département.

B.

MINISTÈRE
DE L'ARMEMENT
ET
DES FABRICATIONS
DE GUERRE.

SOUS-SECRÉTARIAT D'ÉTAT
DES FABRICATIONS
DE GUERRE.

BUREAU NATIONAL
DES CHARBONS.

INSTRUCTIONS GÉNÉRALES

SUR LA RÉPARTITION

ET LA DISTRIBUTION DES CHARBONS.

1° PROGRAMME D'ENSEMBLE.

À la multitude actuelle des consommateurs, chacun réclamant isolément le charbon dont il a besoin, vont être substitués, en vue d'une première répartition d'ensemble à partir des mines et ports, les seules parties prenantes que voici :

1° Les **Préfets** représentant les besoins de leur département en ce qui concerne :

a) Le foyer domestique, comprenant également le petit commerce et les besoins des administrations publiques ;

b) La petite industrie.

2° Les **Unions agréées des usines à gaz et des Usines d'électricité.**

3° Les **Chemins de fer.**

4° Les **20 groupements régionaux des industriels de l'armement**, représentant, pour les fabrications de guerre, l'ensemble des besoins de la métallurgie, de l'automobile, de l'aéronautique, des poudres, de la marine, des industries chimiques et du génie.

5° **L'Intendance et ses groupements départementaux**, représentant les besoins :

a) Des armées combattantes et des dépôts ;

b) Du service de santé ;

c) Des industriels travaillant pour l'Intendance ;

d) Du battage des céréales et du pressage des fourrages.

6° Les **Services de navigation.**

7° Les **Chambres de commerce**, représentant les besoins qui se rapportent au grand commerce et à la grande industrie.

A chacune de ces collectivités seront attribués des contingents revisables de charbon de façon telle que le total de ces contingents reste égal au total des disponibilités variables que l'on peut escompter (charbons anglais et charbons français).

C'est aux représentants de ces collectivités qu'incombera la tâche d'effectuer la répartition entre les consommateurs qui en font partie — bien entendu sous le contrôle ministériel.

2° MISSION DES PRÉFETS.

Les préfets auront ainsi entre leurs mains la distribution du charbon pour les besoins privés, d'une part, et pour les besoins de la petite industrie, d'autre part.

Ainsi qu'il a été dit, les besoins privés comprennent le petit commerce, c'est-à-dire la catégorie des détaillants pour lesquels le chauffage des locaux où ils font le commerce ne peut être distingué pratiquement du chauffage de ceux où ils vivent.

Quant à la petite industrie elle sera distinguée de la grande industrie par le taux de la consommation de l'intéressé, soit 20 tonnes par mois.

3° CONTINGENTS DÉPARTEMENTAUX DES PRÉFETS.

. . . .

c) **Petite industrie.** — Pour apprécier les besoins de la petite industrie il a été fait appel au concours des Chambres de commerce; la répartition des contingents qui résultera des renseignements fournis donnera lieu à l'attribution de cartes individuelles spéciales qui seront remises à chaque intéressé.

La distribution du charbon correspondant sera faite par les soins du Préfet.

. . . .

11° CHARBON DE LA PETITE INDUSTRIE.

Comme il a été dit, les besoins de la petite industrie (maximum individuel de 20 tonnes par mois) auront été évalués par les Chambres de commerce et il sera délivré des cartes individuelles correspondant à ces besoins. Un contingent spécial sera alloué au Préfet pour cette catégorie de consommateurs et celui-ci, pour la distribution du prorata permis par ce contingent, n'aura qu'à recourir aux mêmes organismes (bureau départemental, groupement charbonnier) que pour le foyer domestique.

Mais là également il s'agira d'exercer un contrôle administratif vigilant pour que les marchands de charbon exécutent ponctuellement les livraisons dont ils auraient été chargés et qui correspondront toujours aux disponibilités dont le Préfet doit avoir seul l'appréciation. Il conviendra de même que, à l'intérieur de ce contingent de la petite industrie, l'Administration centrale et le Préfet puissent rendre exécutoires telles priorités de livraisons qui répondraient aux circonstances : par exemple au profit de corps de métier indispensables tels que blanchisseuses, services sanitaires, etc.

Le charbon tout venant de cette catégorie de consommateurs sera vendu au prix du charbon domestique.

. . . .

16° GRAND COMMERCE ET GRANDE INDUSTRIE.

Les Chambres de commerce, qui vont recenser les besoins du grand commerce (banques, bureaux, grands magasins etc.) et de la grande industrie, seront l'intermédiaire direct obligatoire entre les mines et les ports d'une part, et cette catégorie de consommateurs, d'autre part.

Elles sont invitées actuellement à examiner de quelle façon le contingent qui leur sera alloué pour ces besoins sera distribué aux intéressés. Il se peut qu'elles aient finalement recours aux groupements charbonniers, mais ce sera obligatoirement à l'aide de moyens — cartes spéciales, chantiers spéciaux — qui ne pourront permettre aucune confusion entre ces charbons et ceux dont les préfets assument la distribution au foyer domestique et à la petite industrie.

Suivant le contingent qui pourra être alloué à cette catégorie de consommateurs, les Chambres de commerce apporteront aux besoins évalués les réductions et compressions indispensables de façon à rester toujours dans les limites dudit contingent.

Aucun prix n'est encore prévu pour ces charbons, mais les prix seront forcément plus élevés que le prix des charbons répartis par les préfets.

Les usines qui ont des fabrications mixtes, partie pour la guerre et partie pour le commerce, auront par les groupements de l'armement ou de l'Intendance le combustible nécessaire à leurs fabrications de guerre, et pour leurs autres fabrications elles passeront par les Chambres de commerce.

17° GROUPEMENTS DE L'ARMEMENT ET DE L'INTENDANCE.

Ces groupements échappent totalement à l'action préfectorale et ils relèvent d'une façon directe des services du Sous-Secrétariat d'État des Fabrications de guerre, d'une part, et de ceux de l'Intendance d'autre part.

Pour les groupements de l'armement, des prix de péréquation par sortes de charbon sont d'ores et déjà établis à l'intérieur de chaque groupement régional (supérieurs, naturellement, aux prix des charbons domestiques).

. . . .

Paris, le 12 juillet 1917.

LOUCHEUR.

C.

GROUPEMENTS DE L'INTENDANCE.

INSPECTION GÉNÉRALE
DU
RAVITAILLEMENT.

4° SECTION.

N° 6413-R./4.

Paris, le 6 juin 1917.

. . . .

J'ai l'honneur de porter à votre connaissance les indications ci-après :

Compte tenu de la nécessité de comprimer les besoins dans une mesure qui variera selon l'importance de la production et de l'importation ;

Compte tenu de la nécessité de satisfaire néanmoins intégralement et par priorité aux besoins purement militaires ou qui concernent la Défense nationale ;

Le Comité de répartition des combustibles a estimé qu'il convenait de faire présenter distinctement, tant par les groupements de l'armement que par les groupements d'industriels de l'Intendance et services divers de la guerre, les besoins en charbon de leurs adhérents :

a) Pour assurer l'exécution de leurs marchés avec l'Armement, la Marine ou la Guerre ;

b) Pour le surplus de leur production.

Vous trouverez, dans le projet de statuts ci-joint, l'expression de cette décision.

. . . .

J'appelle votre attention sur le point ci-après :

D'après les termes mêmes des statuts, les groupements sont ouverts à tous les industriels ou fournisseurs des divers services quelle que soit d'ailleurs la part de leur production affectée à la Défense nationale.

EXTRAIT DU PROJET DE STATUTS.

ARTICLE PREMIER.

Objets du groupement.

1° La présentation au Ministre de la Guerre, par l'intermédiaire de son délégué au Comité de répartition des combustibles des besoins en charbon, *dûment contrôlés* de tous les adhérents, étant bien spécifié qu'il s'agit exclusivement ici du tonnage nécessaire à chacun d'eux au titre de la Défense nationale.

Est expressément exclu, dans la détermination des quantités ci-dessus, le chauffage domestique privé des adhérents et de leur personnel.

Cette détermination limitative ne fait pas obstacle à ce que le groupement soit l'intermédiaire de ses adhérents pour présenter collectivement, à l'autorité dûment qualifiée, l'ensemble de leurs besoins pour la part de leur production qui ne concerne pas la Défense nationale, et pour en poursuivre collectivement la satisfaction.

2° L'achat de charbons français ainsi que l'achat et l'importation en France de charbons étrangers.

3° La répartition entre les adhérents des contingents de charbons français, de charbons importés par le groupement ou de charbons attribués au groupement par les autorités compétentes.

Cette répartition aura lieu sous le contrôle du Ministre de la Guerre ou de son délégué.

Les indications de celui-ci au sujet des priorités de livraison à accorder éventuellement à tel ou tel des adhérents seront acceptées par tous.

4° La péréquation des prix résultant de l'ensemble des opérations tant sur les charbons français que sur les charbons étrangers.

ART. 2.

Constitution du groupement.

Ne peuvent adhérer au groupement que les industriels ou fournisseurs directs ou indirects .... qui auront été reconnus tels par une attestation ...., visée par le délégué du Ministre de la Guerre au Comité de répartition des combustibles.

Sont membres de droit tous les industriels remplissant ces conditions.

Sera exclu du groupement tout adhérent contre lequel l'Administration aura demandé cette mesure.

La liste des adhérents, constamment tenue à jour et complétée par l'indication des quantités mensuelles de combustibles pour lesquelles ils sont individuellement inscrits au groupement soit au titre de la Défense nationale, soit pour le surplus de leur production, est en permanence à la disposition de chacun d'eux.

Cette liste et les modifications qui y surviendraient, sont communiquées tant au Préfet qu'au délégué du Minisire.

Ne pourront être admis au groupement, sauf décision spéciale du Ministre de la Guerre ou de son délégué, les industriels dont la consommation totale n'atteint pas au moins une tonne de charbon par jour (1).

ART. 3.

Organisation.

. . . .

2° Dans un délai maximnm d'un mois après ces désignations provisoires, le groupement procède à l'élection du bureau définitif et soumet son choix à la ratification du Ministre ou de son délégué.

. . . .

ART 4.

Exploitation.

. . . .

II. LICENCE D'IMPORTATION.

Le Président adressera au nom du Groupement au Ministère compétent la demande d'une licence d'importation globale pour tous les adhérents.

. . . .

IV. TRANSPORTS MARITIMES.

Le président s'efforcera d'affréter des navires aussi rapidement que possible, et dans la mesure où les circonstances le permettront.

. . . .

---

(1) Chiffre ramené à 20 tonnes par mois (Instructions générales du 12 juillet).

ART. 5.

Contrôle des besoins et des stocks.

Les adhérents seront tenus de faire connaître au président, régulièrement dans les cinq derniers jours du mois, l'importance exacte de leurs stocks à la date du 25.

Ces renseignements seront transmis pour le 5 du mois suivant en un état récapitulatif au délégué du Ministre (Inspection générale du Ravitaillement, 4ᵉ section, 88, rue de Grenelle).

Les adhérents sont tenus de justifier des besoins qu'ils accusent et de faciliter le contrôle de leurs stocks au représentant local de l'Administration auprès du groupement.

. . . .

INSPECTION GÉNÉRALE
DU
RAVITAILLEMENT.

4ᵉ SECTION.

Nᵒ 6888-R./4.

Ravitaillement en charbon
des industriels ou fournisseurs
des services de l'Intendance
et de Santé.

Paris, le 18 juin 1917.

PREMIÈRE NOTE.

AÉRONAUTIQUE, GÉNIE, SERVICE GÉOGRAPHIQUE.

1ᵒ Après nouvel examen du comité de répartition,

Les industriels et fournisseurs de l'aéronautique, du génie et du service géographique seront, en principe, rattachés aux groupements des industriels de l'armement pour lesquels ils ont beaucoup plus d'affinité, et non pas aux groupements de la guerre, qui, en conséquence, prendront le nom de « Groupement des industriels et fournisseurs des services de l'Intendance et de santé du département de . . . . . . ».

Certains industriels qui travaillent pour le génie ou l'aéronautique rentreront toutefois dans les groupements de l'Intendance (textiles, tissus, cuirs, etc.); la répartition en sera faite suivant entente entre les délégués de l'armement et de la guerre au comité de répartition. Les délégués départementaux de l'Adminis-

tration seront tenus au courant et en aviseront les groupements. De toute ma-
nière un même industriel ne pourra dépendre à la fois du délégué de l'armement
et de celui de la guerre : il dépendra uniquement de l'un des deux pour la tota-
lité du combustible concernant sa production au titre Défense nationale.

INDUSTRIELS DE LA MARINE.

2° Les industriels de la Marine seront répartis entre les groupements de l'armement et ceux de l'Intendance-Santé suivant les mêmes principes que ci-dessus.

STATUTS.

3° Pour la rédaction définitive des statuts, il peut être tenu compte utile-
ment des indications ci-après :

a) Le groupement n'ayant pas pour but de procurer des bénéfices à ses adhérents peut n'être pas considéré comme société commerciale régie par la loi
de 1867 . . . .

. . . .

b) Le fonds de roulement est nécessaire. Toutefois il peut être considéré
comme constituant non pas un capital mais une *avance* pour l'exécution d'un
ordre déterminé.

. . . .

COKE.

4° Jusqu'à nouvel ordre les groupements n'auront pas à s'occuper de tout ce
qui concerne le coke.

Par conséquent toutes les questions relatives à ce combustible continueront à
être traitées de la façon actuelle sans l'intervention du groupement.

DÉFENSE NATIONALE ET VIE ÉCONOMIQUE.

5° Il est bien entendu, et il est indispensable de bien faire comprendre aux
industriels, que le délégué de la Guerre au comité de répartition ne patronne au
sein de ce comité que les besoins en charbon concernant la défense nationale.

. . . .

En vue d'obtenir le complément correspondant à la production pour la vie
économique du pays, les industriels isolément, ou le groupement (collectivement

pour l'ensemble de ses adhérents) devront demander à être compris dans la répartition que fera le préfet (1) des quantités dont il disposera dans son département pour les « industries diverses ».

Il va de soi que le groupement pourra ensuite faire masse de l'attribution obtenue au titre « défense nationale », et de l'attribution obtenue au titre « vie économique » pour se procurer en bloc les quantités totales correspondantes dans les mines et dans les ports, et les répartir entre ses adhérents, sous réserve de servir d'abord à chacun d'eux les quantités nécessaires au titre « défense nationale ».

. . . .

CONSOLIDATION DES RELATIONS COMMERCIALES.

6° Parmi les renseignements demandés par les fiches-questionnaires aux industriels, un des plus essentiels est celui qui concerne la façon dont ils se trouvaient jusqu'ici approvisionnés. Il convient, en effet, de prendre comme base l'état de choses actuel pour ne tendre que progressivement vers une répartition moins incertaine et moins variable.

En particulier en ce qui concerne les rapports avec les importateurs-revendeurs, il est capital que le groupement consolide pour l'avenir les fournitures que ceux-ci avaient inscrites pour les adhérents. Ce serait une faute grave que de laisser les importateurs se détourner des groupements et livrer à d'autres consommateurs les tonnages en question.

Il convient, au contraire, de totaliser ces tonnages et d'insister . . . . . auprès des importateurs pour que, soit isolément, soit par l'intermédiaire de leur syndicat, ils continuent de travailler pour les groupements à concurrence de ces tonnages et naturellement plus s'il y a lieu.

. . . .

ÉTENDUE TERRITORIALE DES GROUPEMENTS.

7° En principe le groupement est départemental, mais rien ne fait obstacle à ce que le groupement comprenne plusieurs départements et devienne régional *sous les réserves ci-après :*

a) La liste des adhérents (art. 2 des statuts), sera établie en fascicules distincts par département.

---

(1) Les Chambres de commerce (Instructions générales du 12 juillet 1917) ont été substituées aux préfets pour ce qui concerne le grand commerce et la grande industrie.

b) Chaque fascicule sera communiqué au préfet intéressé (1).

. . . .

INDUSTRIELS CONSOMMANT MOINS D'UNE TONNE PAR JOUR.

8° Il sera fait une large application du dernier alinéa de l'article 2 des statuts permettant aux industriels qui consomment moins d'une tonne par jour d'entrer dans les groupements (2).

Il convient donc d'adresser une lettre d'avis et les trois imprimés de fiche-questionnaire à ceux d'entre eux auxquels les services s'intéressent particulièrement.

ACTION IMMÉDIATE DES FONCTIONNAIRES DÉSIGNÉS PAR LES DIRECTEURS DE L'INTENDANCE POUR ASSURER LA LIVRAISON ENTRE L'ADMINISTRATION ET LES GROUPEMENTS.

9° . . . .
. . . . Les groupements seront . . . . constitués par un noyau auquel s'agrégeront les futurs adhérents non encore touchés par la propagande, ou qui, dissidents actuels, comprendront dans la suite la nécessité absolue qui s'impose à eux de s'affilier aux groupements organisés.

. . . .

À ce dernier document sera annexée la liste des adhérents actuels . . . .
. . . .

Les listes des adhérents nouveaux seront adressées à l'inspection générale du ravitaillement pour le 20 juillet, et périodiquement, dans la suite, pour les 1er, 10 et 20 de chaque mois.

Tout adhérent figurant sur la liste initiale, et sur les listes complémentaires établies par le groupement, est réputé admis à en faire partie par le délégué du ministre, sauf exclusion notifiée spécialement.

. . . .

Les listes sont indispensables, aussi bien au délégué du ministre au comité de répartition, qu'au Bureau national des charbons, pour qu'aucune attribution ne

---

(1) Et aux Chambres de commerce intéressées.
(2) Le chiffre de 30 tonnes par mois qui caractérisait la « petite industrie » a été ramené à 20 tonnes par mois (instructions du 12 juillet 1917).

soit plus désormais prononcée au profit d'un adhérent, mais seulement au profit du groupement lui-même.

CARTE DU GROUPEMENT.

10° Il est recommandé aux organisateurs d'établir la carte charbonnière du groupement en y reportant la position géographique des divers consommateurs ou groupes de consommateurs et en traçant autour de chaque localité ou centre industriel un petit·cercle de diamètre proportionnel à la consommation bloquée des adhérents installés dans cette localité ou ce centre.

Cette carte sera de la plus grande utilité pour établir judicieusement les commandes aux mines et aux ports sur lesquels le Bureau national des charbons aura attribué des contingents.

Elle servira également à choisir les points les mieux indiqués pour les parcs éventuels de stockage.

DOSSIERS DES ADHÉRENTS.

11° Il semble indispensable d'établir dans chaque groupement un fichier dans lequel chaque adhérent aura sa fiche en carton portant un numéro d'ordre : au recto seront reproduits les principaux renseignements prévus sur la fiche-questionnaire qui a été envoyée à tous les industriels ; au verso on pourra, par exemple, enregistrer successivement toutes les quantités attribuées.

L'ensemble de ces fiches rangées par ordre alphabétique abrégera au minimum toutes les recherches et le numéro de la fiche permettra de se reporter sans hésitation au dossier de l'adhérent qui portera le même numéro.

Le dossier individuel pourrait, par exemple, être constitué par quatre chemises :

La première destinée aux pièces importantes telles que statuts signés et portant engagement de l'adhérent, licences à son nom lors de son entrée au groupement, double de sa fiche-questionnaire, etc.

La deuxième destinée à la correspondance courante ;

La troisième destinée aux pièces comptables (factures, etc.);

La quatrième destinée aux duplicata des avis d'attribution qui lui seront adressés.

REGISTRE DE RÉPARTITION.

12° Pour dépouiller les fiches-questionnaires, totaliser les besoins et suivre constamment la situation des stocks et les consommations de chacun des adhérents, le plus simple paraît être de tenir dans le groupement un registre de répartition trimestriel analogue à celui dont le modèle est donné par l'annexe n° 1 ci-jointe (et comportant un cahier distinct par département en cas de groupement régional).

STOCKS DE PRÉCAUTION DU GROUPEMENT.

13° Il est bien entendu que les stocks de précaution que pourra constituer le groupement, seront surtout destinés à :

a) Servir les adhérents qui consomment peu ou n'ont pas la place nécessaire pour emmagasiner le combustible;

b) Donner des secours aux adhérents à qui un envoi annoncé ne parvient pas.

Ils seront donc très limités car il y a intérêt à stocker chez le consommateur même pour éviter double manipulation.

L'existence même des stocks implique la tenue d'un registre où chacun d'eux aura son compte spécial « entrées » et « sorties ».

Le groupement délivrera les quantités à prélever sur les stocks au moyen de carnets à souche comportant une souche, un talon à expédier à titre d'avis au régisseur du stock, un volant à remettre au bénéficiaire.

On pourra choisir pour régisseurs des stocks des marchands de charbon qui assureront la réception, le stockage, les manutentions, le transport . . . . . à des conditions à débattre.

RENSEIGNEMENTS PÉRIODIQUES À FOURNIR À L'ADMINISTRATION.

14° Tous les 5 de chaque mois (article 5 des Statuts) les groupements doivent transmettre à l'Inspection générale du ravitaillement un état récapitulatif des stocks en possession des adhérents au 25 du mois écoulé.

Ils indiquent sur le même état l'importance à la même date des stocks de précaution ci-dessus.

INSPECTION GÉNÉRALE
DU
RAVITAILLEMENT.

4ᵉ SECTION.

Nᵒ 7450-R./4.

Paris, le 2 juillet 1917.

DEUXIÈME NOTE.

CHARBONS DE PRESSAGE, ETC.

. . . .

Les groupements n'ont pas à s'occuper du combustible nécessaire à l'agriculture.

RELATIONS ENTRE LES GROUPEMENTS DE L'INTENDANCE ET CEUX DE L'ARMEMENT.

. . . .

Il doit demeurer bien entendu :

1° Qu'un industriel déjà affilié à un groupement Armement ne doit pas être sollicité de faire partie d'un groupement Intendance ;

2° Qu'un industriel non affilié ne doit être sollicité d'entrer dans un groupement Intendance que si la quote-part de sa production qui va à l'ensemble des services « Armement, Génie, Aéronautique, Service géographique » est inférieure à celle qui va à l'ensemble des services « Intendance-Santé » ;

3° Qu'un industriel ne peut, en principe, faire simultanément partie d'un groupement Intendance et d'un groupement Armement.

. . . .

Exceptionnellement, lorsque des motifs d'ordre local s'imposeront, un industriel, membre d'un groupement Armement pour certaines de ses usines pourra faire partie d'un groupement Intendance (1) pour d'autres usines lui appartenant.

---

(1) Et même le présider.

Mais il convient, avant d'admettre cette exception, d'en référer au délégué de la Guerre pour qu'il puisse s'entendre, sur le cas spécial qui lui sera soumis, avec le délégué de l'Armement au Comité de répartition.

---

3 juillet 1917.

Extrait d'une circulaire adressée par M. Loucheur, Sous-Secrétaire d'État des Fabrications de Guerre aux Présidents de Chambres de Commerce.

. . . .

Il est bien entendu que si un industriel a des fabrications mixtes — à la fois pour la Guerre et pour le Commerce — il sera compris pour des besoins correspondants en charbon : pour partie dans un groupement de la Guerre (1) et pour partie dans un groupement du Commerce et de l'Industrie.

. . . .

INSPECTION GÉNÉRALE

DU

RAVITAILLEMENT.

4° SECTION.

N° 8590 R./4.

Paris, le 24 juillet 1917.

TROISIÈME NOTE.

a) Ci-joint un extrait des « Instructions générales sur la distribution du charbon ».

. . . .

b) Elles précisent que les préfets n'ont plus à intervenir qu'en ce qui concerne le foyer domestique, le petit commerce, la petite industrie (2), c'est-à-dire en

---

(1) Armement ou Intendance.

(2) On laisse ici volontairement de côté les administrations publiques.

ce qui concerne les besoins des industriels non rattachés à l'une des catégories ci-après : Armement, Intendance-Santé, Chambres de commerce.

Pour les industriels rentrant dans l'une de ces trois catégories, il est bien établi que c'est aux représentants de ces collectivités qu'incombera désormais, sous le contrôle ministériel, la tâche d'effectuer la répartition entre les consommateurs.

c) En tout état de cause les groupements échappent *totalement* à l'action préfectorale. (Voir art. 17 des Instructions générales.)

d) Il est important de remarquer que *tout industriel* (1) *qui travaille pour la Défense nationale* directement ou indirectement, ressortit nécessairement, pour la part de sa consommation correspondant à sa production au titre Défense nationale, à un « groupement Armement » ou à un groupement « Intendance Santé ».

En ce qui touche le complément du charbon qui lui est nécessaire pour le reste de sa production (vie économique) il ressortit à la Chambre de commerce.

e) En conséquence le groupements « Intendance-Santé » doivent faire connaître au délégué de la Guerre au Comité de répartition des combustibles, et en deux colonnes distinctes sur les états qu'ils ont à fournir :

1° Leur consommation au titre « Défense nationale ».

. . . . , .

2° Le complément de leur consommation, et c'est à ce complément qu'est réservé *par définition* la rubrique de *consommation au titre Vié économique.*

f) Le délégué de la Guerre demande au Comité de répartition les attributions nécessaires au titre Défense nationale.

g) Le groupement « Intendance-Santé » reçoit, par l'intermédiaire de la Chambre de commerce, le contingent dont celle-ci peut disposer au profit des membres du groupement pour leurs besoins au titre « Vie économique ».

h) Il est évident que, *en principe*, le chiffre correspondant à l'alinéa 1° du paragraphe *e* ci-dessus est réputé incompressible ; et que c'est au contraire, sur

---

(1) Sauf, *en principe,* la petite industrie.

lé chiffre correspondant de l'alinéa 2° du même paragraphe que porteront les compressions si l'insuffisance des disponibilités générales en exige.

i) Le groupement « Intendance Santé » aura donc à s'entendre avec la Chambre de commerce, soit pour recevoir son charbon « Vie économique » *en nature* et au prix de péréquation du groupement « Chambre de commerce », soit pour obtenir de celle-ci son charbon *en papier,* c'est-à-dire :

1° Sous forme d'une délégation sur les contingents dont la Chambre de commerce disposera sur les mines ;

2° Sous forme de transmission d'une partie des licences que la Chambre de commerce aura obtenues.

Dans la deuxième hypothèse, le groupement « Intendance-Santé » réalisera en bloc et à son gré :

1° Ses propres contingents sur les mines avec ceux qui lui sont ainsi transférés par la Chambre de commerce ;

2° Ses propres licences, avec celles qui lui sont repassées par la Chambre de commerce.

Il est bien évident que cette dernière *étant attributaire générale* du combustible « Vie économique », c'est à elle qu'appartient le droit de faire son choix entre les deux méthodes ci-dessus.

j) Ne pas oublier que le Ministre se réserve le contrôle de la répartition à l'intérieur de toutes les collectivités.

Il en résulte que le Bureau national des charbons pourra intervenir dans le cas où la Chambre de commerce, *sous prétexte* que le groupement « Intendance-Santé » reçoit déjà du charbon « Défense nationale », n'attribuerait pas aux membres de ce groupement pour leur consommation au titre « Vie économique » une part raisonnable des contingents totaux dont elle est attributaire.

. . . .

Nota. — Noter enfin que le prix de péréquation n'est pas nécessairement un prix unique : on peut établir divers prix de péréquation pour tenir compte aux adhérents de la qualité du charbon qui leur est livré ; par exemple : un prix de gros criblé, un prix de tout-venant, un prix de fines, un prix de lignites, etc., ou encore des prix fonctions du pouvoir calorifique.

INSPECTION GÉNÉRALE
DU
RAVITAILLEMENT.

4ᵉ SECTION.

N° 9127 R./4.

Paris, le 2 août 1917

Des hésitations se sont produites dans un certain nombre de départements au reçu des « Instructions générales sur la répartition et la distribution des charbons », parues sous le timbre « Sous-Secrétariat d'État des Fabrications de guerre (Bureau national des charbons) » et sous la signature de M. Loucheur Sous-Secrétaire d'État.

Les instructions en cause énumèrent les seules parties prenantes désormais reconnues, au nombre desquelles :

5° L'Intendance et ses groupements départementaux représentant les besoins :

a) Des armées combattantes et des dépôts.

b) Du service de santé.

c) Des industriels travaillant pour l'Intendance.

d) Du battage des céréales et du pressage des fourrages.

Il est résulté de cette énumération que l'on a pu croire à la nécessité de l'intervention des services de l'Intendance locaux pour les diverses catégories de besoins énumérées sous les paragraphes *a)*, *b)*, *c)*, *d)*.

Il n'en est rien, et voici ce qu'il faut entendre exactement :

I. — Les besoins du front. . . . .

. . . .

II. — Les besoins des corps de troupe et services de l'Intendance du territoire (y compris les pressages en gestion directe). . . . .

. . . .

III. — Les besoins des formations sanitaires du territoire . . . .

. . . .

IV. — Le Sous-Intendant délégué de la Guerre au Comité de répartition des combustibles est également chargé d'y représenter l'agriculture............ pour tout ce qui concerne les charbons nécessaires aux battages, aux pressages à l'entreprise et aux labourages ....

....

V. — Pour être complet, il convient d'ajouter que le Délégué de la Guerre susvisé s'occupe de la même façon des manufactures de l'État.

VI. — Enfin, les groupements départementaux ou régionaux des industriels de l'Intendance ont également pour représentant, auprès du Comité de répartition et du Bureau national des charbons, le Délégué de la Guerre, qui correspond à cet effet avec les fonctionnaires chargés de constituer les groupements, de se maintenir au contact avec eux, d'y exercer le contrôle nécessaire et de transmettre leurs demandes.

Les groupements n'ont pas à s'occuper des entrepreneurs de pressage, ni d'aucun des consommateurs compris dans les rubriques I, II, III, IV, V, ci-dessus.

En ce qui concerne toutefois les manufactures de l'État, certains de leurs fournisseurs, qui seront désignés nominativement par l'Inspection générale du ravitaillement, entreront dans les groupements Intendance.

Ces précisions ont paru nécessaires pour remettre au point quelques interprétations inexactes.

....

INSPECTION GÉNÉRALE
DU
RAVITAILLEMENT.

4° SECTION

N° 10757 R./4.

Paris, le 28 août 1917.

QUATRIÈME NOTE.

1° **Relations entre les Groupements et l'Administration centrale.** — Prière de bien vouloir rappeler aux groupements le paragraphe « 1° Programme d'ensemble » des « Instructions générales sur la répartition et la distribution des charbons » publiées, à la date du 12 juillet par M. le Sous-Secrétaire d'État des Fabrications de guerre, et notamment l'alinéa final de ce paragraphe ainsi conçu :

« C'est aux représentants de ces collectivités, etc............ »

Le Délégué de la Guerre au Comité de répartition des combustibles est le « représentant (1) » des intérêts de « l'Intendance et des groupements départementaux ».

Il importe donc, tant pour hâter la solution des questions intéressant les Groupements (questions générales ou cas d'espèce), que pour consolider à leur profit le crédit du Délégué de la Guerre auprès du Comité de répartition, que les Groupements s'abstiennent de toute correspondance directe soit avec le Bureau national des charbons, soit avec le Sous-Secrétaire d'État des Fabrications de guerre, sauf le cas où cette correspondance serait, dans l'esprit de ses auteurs, une réclamation directe voulue.

Dans cette dernière hypothèse, il sera utile d'en faire parvenir simultanément un duplicata au Délégué de la Guerre.

Hors ce cas spécial tout doit passer par l'intermédiaire de ce dernier (y compris les demandes de licence) et lui être adressé à l'Inspection générale du ravitaillement, 4° section, 88, rue de Grenelle, car le Bureau national des charbons lui renvoie pour attributions et avis toute pièce non transmise par ses soins.

2° **Couleur distinctive affectée aux Groupements de l'Intendance.** — Les « Instructions générales du 12 juillet sur la répartition et la distribution du charbon » ont classé en sept grandes catégories les différentes parties prenantes des charbons en provenance des mines ou des ports.

---

(1) On pourrait même dire le « Défenseur ».

Ils est désirable, eu égard au nombre considérable d'écritures qu'entraîne la répartition des charbons, d'adopter des dispositions susceptibles de faciliter matériellement le classement et la distribution de la correspondance, et, dans cet ordre d'idées, il est recommandé d'employer, suivant les catégories, les couleurs de papier ci-après :

. . . .

5° Intendance et services rattachés (Blanc avec une raie diagonale rouge).

. . . .

7° Grand commerce et grande industrie (Chambres de commerce) [Blanc avec une raie diagonale bleue].

. . . .

Cette règle s'appliquerait également aux étiquettes apposées par les expéditeurs sur les wagons (avis du Bureau national des charbons).

Les indications relatives à la couleur du papier pour la correspondance s'appliquent à toutes les communications adressées par les groupements au Délégué de la Guerre, aux ingénieurs en chef, aux Délégués du Bureau national des Charbons dans les ports, aux mines, et, pour ne pas faire d'exception, aux importateurs.

3° **Obligation d'employer des étiquettes au nom du Groupement.** — Quel que soit le moyen employé par un Groupement pour réaliser les contingents de charbon qui lui sont attribués; qu'il soit son propre importateur, ou qu'il s'adresse à des importateurs professionnels; qu'il agisse lui-même ou prenne pour *agent d'exécution* un organisme analogue tel qu'un groupement armement, un groupement « Chambre de commerce », un groupement charbonnier départemental....., le charbon du contingent qui lui a été attribué au titre de la Défense nationale et qu'il réalise par un procédé quelconque demeure sa chose, voyage sous son nom, depuis la mine ou le port jusqu'aux établissements de ses adhérents :

Il ne doit en aucun cas entrer dans les comptes ou subir la péréquation de la collectivité ou de l'organisme pris pour intermédiaire.

Les wagons ou péniches doivent être munis d'une étiquette du genre ci-après, qui sera la sauvegarde, sauf nécessité majeure pour le Bureau national des charbons contre les déroutements. Tout charbon expédié à un industriel isolé sans cette précaution court les plus grands risques d'être réquisitionné.

INTENDANCE

GROUPEMENT DE SEINE. — SEINE-ET-OISE.

EXPÉDITEUR :

DESTINATAIRE : { Nom
Usine
Gare *ou* port de

Ce qui est dit ci-dessus s'applique comme suit au charbon réalisé par le Groupement Intendance au titre « Vie économique » selon le *modus vivendi* établi entre lui et la Chambre de commerce intéressée (1). Prière de se reporter à cet égard au paragraphe « i » de la 3e note n° 8590-R/4 du 24 juillet.

Si la Chambre de commerce livre au Groupement Intendance son charbon « Vie économique » en nature, il voyage sous étiquette blanche avec diagonale bleue et n'entre dans les comptes du Groupement Intendance qu'après avoir subi (si elle existe) la péréquation propre de la Chambre de commerce.

Si celle-ci remet simplement une partie de ses droits au Groupement Intendance, c'est-à-dire lui livre son charbon « Vie économique » en papier, le charbon voyage encore pour la bonne règle, sous étiquette blanche à diagonale bleue et sous la rubrique « Chambre de commerce », mais il entre directement dans les comptes du groupement.

Il importe que l'Ingénieur en chef (ou le Bureau permanent local) s'il s'agit de charbon français, le délégué du Bureau national des charbons dans le port expéditeur s'il s'agit de charbon anglais, soient avisés dans chaque cas particulier, car on suit de très près dans les mines et dans les ports le classement des

---

(1) Où les Chambres de commerce intéressées.

expéditions entre les sept grandes catégories de parties prenantes, et l'on rapproche les indications ainsi relevées des contingents attribués.

4° **Renseignements périodiques** (1) **à fournir par les groupements.** — a) Il est rappelé (art. 5 des statuts et § 14° de la 1re note 6888-R/4 du 18 juin), que les groupements doivent faire parvenir *chaque mois, pour le 5,* au délégué de la Guerre (E. G. R.- 88, rue de Grenelle) la liste nominative des adhérents avec indication des stocks totaux (Défense nationale et Vie économique réunies) en possession de chacun d'eux au 25 du mois précédent.

b) Cette liste *doit* comporter, en outre, l'indication *individuelle* des besoins de chaque adhérent pour le mois en cours en distinguant la « Défense nationale » et la « Vie économique ».

c) Enfin, elle doit fournir l'indication prévisionnelle des besoins *globaux* de l'ensemble du groupement pour le mois suivant (toujours avec la distinction « Défense nationale » et « Vie économique »).

5° **Fixation des contingents mensuels.** — Au moyen des renseignements ci-dessus (alinéa c) qui doivent lui parvenir le 5, le délégué de la Guerre *demande* au Comité de répartition des combustibles les contingents nécessaires aux groupements pour le mois suivant, au titre de la « Défense nationale », et lui *indique* les besoins au titre « Vie économique » dont il y aura lieu de tenir compte pour la fixation des contingents à attribuer aux Chambres de commerce.

Dès qu'il connaît les contingents, arrêtés au titre « Défense nationale » français et anglais, le délégué de la guerre les annonce aux groupements pour leur permettre d'en préparer la réalisation.

6° **Demandes de licence.** — Il est particulièrement important de faire parvenir les renseignements pour la date fixée dans le deuxième mois de chaque trimestre, car c'est sur les attributions d'anglais faites au cours de ce mois que devront être établies les demandes de licence pour le trimestre suivant.

Les demandes seront transmises au Bureau national des charbons par l'intermédiaire du délégué de la Guerre qui retournera aux intéressés les autorisations d'importation.

Il ne sera plus en aucun cas accordé de licence individuelle : les licences seront

---

(1) Voir le modèle de l'état mensuel à fournir ci-après annexe n° 2.

accordées aux groupements (Défense nationale) et aux Chambres de commerce (Vie économique).

Les demandes doivent désigner le ou les importateurs choisis (groupements eux-mêmes s'ils disposent de navires appartenant à eux ou à leurs adhérents ou détenus en time-charter ou au voyage, ou s'ils se réservent de se procurer le fret (1) — ou importateurs professionnels).

Il sera bon que les importateurs choisis donnent, sur la demande même, leur accord écrit : Le groupement sera, dans une certaine mesure, garanti ainsi, grâce à l'action toujours possible du Bureau national des charbons (2) des défaillances ultérieures plus ou moins volontaires de certains importateurs.

Il est rappelé que, généralement, le Bureau national des charbons accorde les licences en deux temps : un acompte d'abord (2/3 par exemple) et le solde, au cours du trimestre d'importation dès qu'une notable partie du tonnage objet de la première licence partielle a été réalisée.

Il demeure entendu d'autre part que des demandes de licences supplémentaires (besoins nouveaux d'un groupement; nouveaux adhérents; etc.) sont toujours recevables au cours d'un trimestre si elles sont justifiées et que les licences supplémentaires sont de droit si le Comité de répartition des combustibles attribue des contingents anglais supplémentaires.

- 7° **Réalisation des contingents français attribués.** — Dès qu'il a reçu, au cours d'un mois, avis des contingents français attribués au titre du mois suivant, chaque groupement doit en préparer la répartition et adresser à chaque Ingénieur en chef des mines intéressé, son état de commande.

Ainsi, en septembre, le groupement reçoit avis des contingents français qui lui sont accordés pour octobre.

Il doit faire parvenir à l'Ingénieur en chef entre le 25 et le 30 septembre, un état du modèle ci-annexé *en double expédition* (Annexe n° 3).

Une des deux expéditions de l'état complété est retournée au Président du groupement et lui permet de passer définitivement les commandes aux mines, en joignant à son envoi les étiquettes nécessaires et en invitant les mines à lui adresser un double des avis d'expédition.

Le président est ainsi tenu au courant des expéditions et en même temps que les adhérents intéressés.

---

(1) Ne pas compter, en principe sur l'attribution de bateaux de la flotte de secours.
(2) Déroutements.

8° Prix et payement des charbons français. — Circulaire n° 107-C.E. du Sous-Secrétaire d'État des Fabrications de guerre, Bureau national des charbons en date du 21 août 1917. — « Les factures établies par les mines pour les fournitures faites aux exploitations industrielles et commerciales............ devront être dorénavant mises au nom de l'Administration des Chemins de fer de l'État (Compte spécial, 2° partie) .... Elles porteront une référence au récépissé ou à la lettre de voiture correspondant à l'expédition...........

« Les prix unitaires .... pour les payements à effectuer à l'Administration des Chemins de fer de l'État par les destinataires .... seront ces mêmes prix (1) avec une majoration qui est fixée jusqu'à nouvel ordre ..... conformément au tableau ci-annexé .... pour les commerçants et les industriels .... Pour éviter à l'Administration les risques de mauvais payements, il sera nécessaire de recourir, en principe, à l'envoi contre remboursement .... »

La facturation par les Chemins de fer de l'État et la majoration des prix des charbons français qu'elle permet de réaliser constituent l'un des procédés auxquels a dû avoir recours le Sous-Secrétaire d'État des Fabrications de guerre pour abaisser le prix de vente des charbons destinés au foyer domestique dans les départements ravitaillés totalement ou partiellement en charbons anglais.

9° Réalisation des contingents anglais attribués. — Les groupements peuvent réaliser de diverses manières les contingents anglais qui leur sont attribués :

a) Ou bien ils sont importateurs directs, ce qui suppose qu'ils disposent de navires (en propriété, en time-charter, aux voyages successifs, au voyage) ou comptent s'en procurer; dans ce cas ils demandent les licences nécessaires (voir § 6 ci-dessus) et importent eux-mêmes;

b) Ou bien ils sont importateurs indirects, et ils confient alors à un intermédiaire le soin d'importer pour eux le contingent anglais qui leur a été attribué : importateur professionnel unique, ou divers importateurs professionnels, ou groupements d'importateurs d'un port ou de plusieurs ports, ou organisme (2) pris comme agent d'exécution (groupement charbonnier, groupement Chambre de commerce, groupement Armement même.....).

En pareil cas ils établissent leurs demandes de licence comme il est dit ci-dessus

---

(1) Ceux de la taxe.

(2) Voir paragraphe 3° ci-dessus, 1ᵉʳ et 2° alinéas.

en y indiquant le ou les importateurs choisis et en invitant ceux-ci à adresser parallèlement les demandes nécessaires au Bureau national des charbons.

Si, n'étant pas importateurs directs, ils ne peuvent trouver d'importateurs qui se chargent d'exploiter leur licence, ils doivent solliciter (par l'intermédiaire du délégué de la Guerre) le Bureau national des charbons, en faisant leur demande de licence, de leur désigner d'office un importateur, ou de dérouter à leur profit les tonnages nécessaires.

Bien entendu ce dernier procédé ne peut être envisagé qu'à titre exceptionnel et accidentel.

En tout état de cause les groupements ont tout intérêt à se placer sous la protection des délégués du Bureau national des charbons dans les ports pour tout ce qui concerne leurs opérations sur le charbon d'importation, à les tenir au courant de ces opérations, et à leur demander leur appui (réceptions, réexpéditions, demandes de « non déroutement », etc.).

Si l'appui du Bureau national des charbons lui-même est nécessaire, c'est par l'intermédiaire du délégué de la Guerre qu'il faut le demander.

10° **Abrogation des dispositions prévues par le télégramme 546 R/4.** — Les dispositions provisoires prévues par ce télégramme en date du 9 août sont abrogées.

Les mines livreront désormais sur commande des groupements dans les limites des contingents attribués aux groupements sur les divers arrondissements minéralogiques et répartis sur les mines de chaque arrondissement par l'Ingénieur en chef des mines compétent.

Aucune livraison au titre « Défense nationale » ne sera faite à un industriel quelconque en dehors de cette procédure.

11° **Transmission de la correspondance adressée à l'Administration centrale.** — En principe, toute correspondance destinée au délégué de la Guerre ou au Bureau national des charbons (par son intermédiaire) doit passer par le fonctionnaire représentant l'Administration centrale auprès du groupement. Et *vice versa*.

En cas d'urgence adresser directement les correspondances à Paris et, autant que possible, un double au délégué local.

12° **Petite industrie.** — Il est rappelé que les industriels ou fournisseurs consommant moins de 20 tonnes par mois relèvent de la catégorie « petite industrie » et doivent être ravitaillés par l'Autorité préfectorale. (Instructions générales du 12 juillet). Si, par exception, certains ont été admis à faire partie des groupements par application du dernier alinéa de l'article 2 des Statuts, les préfets intéressés *doivent* en être avisés par les groupements.

13° Indication des besoins « Vie économique » aux autorités ou organismes chargés d'assurer le réapprovisionnement du grand commerce et de la grande industrie. — Par application de l'article 2 des Statuts (avant-dernier alinéa) les groupements doivent faire connaître aux Préfets, Chambres de commerce, ou organismes intéressés, les tonnages pour lesquels leurs adhérents sont inscrits au titre « Défense nationale » et le chiffre complémentaire qui a été indiqué pour chacun d'eux au titre « Vie économique ».

14° Coke. — Il est rappelé que les groupements n'ont pas à s'occuper du coke. Le réapprovisionnement en coke reste une affaire individuelle pour chacun des adhérents. Les demandes (coke de fonderie, coke métallurgique, spécial ou coke de gaz) doivent parvenir au plus tard le 15 du deuxième mois de chaque trimestre pour le trimestre suivant, dûment visées par les services intéressés, au Sous-Secrétariat d'État des Fabrications de guerre (Service des transports et combustibles, avenue des Champs-Élysées, Paris), *directement*, sans intervention du délégué de la Guerre ni du Bureau national des charbons.

Faute d'adresser leurs demandes dans le délai ci-dessus indiqué, les industriels s'exposent à ne pas être compris dans la répartition, ou du moins à ne figurer que dans une liste supplémentaire publiée au cours du trimestre.

Il est du *devoir strict* de chacun de réduire au minimum la consommation du coke (et surtout du coke de fonderie ou métallurgique) car les disponibilités générales sont insuffisantes.

15° Observations très importantes. — Il est *indispensable* que les présidents de groupement fournissent *très exactement* au délégué de la Guerre, et pour les *dates fixées* qui devront même être devancées si possible, les renseignements qui leur sont demandés. Ceci ne souffrira aucune difficulté si les groupements se sont organisés matériellement et procuré le personnel nécessaire.

La « mise en route » n'a pu se faire que progressivement. La bonne marche dépendra avant tout de la ponctualité des groupements à faire parvenir entre le 1er et le 5 de chaque mois les états arrêtés à la date du 25 du mois précédent.

« Ils tiendront sans doute à honneur de faire preuve de cet esprit d'ordre et de méthode sans lequel la meilleure volonté risquerait d'être stérile (1). »

Enfin il convient de remarquer que l'organisation nouvelle, si elle a pour but entre autres choses de supprimer les intermédiaires *inutiles*, n'a pas pour but de supprimer l'intervention des marchands de charbons : les groupements peuvent, s'ils voient avantage à utiliser leur pratique et leur connaissance du charbon, faire appel à leur concours, notamment pour rechercher avec le Service des Mines les qualités requises pour les divers consommateurs, surveiller les expéditions, recevoir le charbon, le travailler s'il y a lieu (criblage, agglomération), l'entreposer, le distribuer, mais toujours sous le couvert et le contrôle des entités seules connues de l'Administration.

Le Sous-Intendant militaire de 1re classe,
Délégué du Ministre
au Comité de Répartition des combustibles,

G.-A. DIVE.

N.-B. — Les extraits ci-dessus des circulaires de l'Inspection générale du Ravitaillement donnent l'ensemble des dispositions en vigueur au 31 août. Toute disposition contraire doit être considérée comme abrogée.

---

(1) Note du 10 août 1917 de M. LOUCHEUR, Sous-Secrétaire d'État des Fabrications de guerre, aux « Groupements de l'armement ».

C.

ANNEXES.

NOM DE L'INDUSTRIEL, NATURE DE L'INDUSTRIE, adresse du siège social.	ÉTABLISSEMENTS POUR LESQUELS L'INDUSTRIEL est adhérent au groupement.		CONSOMMATION MENSUELLE DE HOUILLE. SAVOIR :				
	Adresse.	Gare ou port de desserte.	Pour la Défense nationale.	Pour la vie économique.	dont :		
					Vapeur.	Forge.	Anthracite.

N. B. — Établir un fascicule distinct par département.

DE RÉPARTITION.

STOCK à la DATE DU 25 JUIN.	ATTRIBUTIONS successives faites par le groupement au cours du mois de juillet.	STOCK à la DATE DU 25 JUILLET.	ATTRIBUTIONS successives faites par le groupement au cours du mois d'août.	STOCK à la DATE DU 25 AOÛT.	ATTRIBUTIONS successives faites par le groupement au cours du mois de septembre.

*LISTE des adhérents du Groupement des industriels des services
avec indication des renseignements les concernant,*

NOM DE L'INDUSTRIEL, nature de l'industrie, adresse du siège social.	ÉTABLISSEMENTS POUR LESQUELS L'INDUSTRIEL est adhérent au groupement.		PRODUCTION de L'ÉTABLISSEMENT		BESOINS DÉTAILLÉS DU MOIS D'OCTOBRE. SAVOIR :					
	Adresse.	Gare ou port de desserte.	Totale.	Pourcentage absorbé pour la Défense nationale.	Pour la Défense nationale.	Pour la vie économique.	dont :			
							Vapeur.	Forge.		Anthracite.

N. B. — Une feuille distincte pour chaque département.

Intendance-Santé du département d..
arrêtés à la date du 25 septembre 1917.

STOCKS TOTAUX en POSSESSION DE L'INDUSTRIEL à la date du 25 septembre (Défense nationale et vie économique réunies.)	QUANTITÉS EFFECTIVEMENT REÇUES PAR L'INDUSTRIEL du 26 août au 25 septembre inclus.		OBSERVATIONS ET RENSEIGNEMENTS DIVERS.
	Tonnage.	Mine ou port expéditeur.	(Indiquer ici, entre autres choses, les quantités existant à la date du 25 septembre dans les stocks généraux de précaution qui ont pu être constitués conformément au § 13° de la première note en date du 18 juin 1917.
			Prévision des besoins globaux du groupement pour le mois de novembre : Défense nationale...... tonnes. Vie économique....... tonnes. TOTAL....... tonnes.

GROUPEMENT
DES INDUSTRIELS
DE
L'INTENDANCE.

Paris, le   septembre 1917.

Départements
de Seine — Seine-et-Oise.

MONSIEUR L'INGÉNIEUR EN CHEF DES MINES,

Arrondissement minéralogique de Boulogne-sur-Mer, Bureau permanent des Charbons,
BRUAY.

Nous sommes avisés que le Bureau national des Charbons nous a attribué, au titre d'octobre, à fournir par les mines de votre arrondissement, un contingent de 5,000 tonnes (1).

Veuillez trouver ci-dessous l'expression de nos desiderata, et nous retourner d'urgence l'un des deux exemplaires de la présente après l'avoir modifié, s'il y a lieu, à l'encre rouge.

Sur les chiffres que vous aurez maintenus ou modifiés, nous passerons immédiatement nos commandes aux mines.

NATURE DES COMBUSTIBLES.	MINES DE BRUAY.	MINES DE MARLES.	MINES DE NOEUX.	MINES DE CERFAYS.	
	tonnes.	tonnes.	tonnes.	tonnes.	
Fines 0,15^m/^{m}	500	//	200	//	
Fines 0,30^m/^{m}	100	//	//	//	
Tout-venant 20 à 25 p. o/o..	1,000	500	1,000	1	
Tout-venant 30 à 35 p. o/o..	//	//	//	100	
Forte composition	//	300	//	//	
Criblés, etc...............	800	300	200	//	

Veuillez agréer. Monsieur l'Ingénieur en chef, l'assurance de ma parfaite considération.

____

(1) Par exemple.

MAJORATIONS

qui devront être ajoutées aux prix de la taxe pour les recouvrements à faire par l'Administration des Chemins de fer de l'État sur le grand commerce et la grande industrie.

	a) **Tous charbons, lignites exceptés.**	
RÉGIONS.	**DÉPARTEMENTS.**	**MAJORATION** PAR TONNE.
I.	Nord, Aisne..	20 fr.
II.	Pas-de-Calais, Somme.....................................	20 fr.
IV.	Oise, Seine-Inférieure....................................	20 fr.
X.	Yonne, Nièvre, Allier, Puy-de-Dôme, Cantal, Haute-Loire.....	20 fr.
XI.	Côte-d'Or, Saône-et-Loire................................	20 fr.
XIII.	Loire..	20 fr.
XVII.	Lot, Aveyron, Tarn-et-Garonne, Tarn, Haute-Garonne, Aude, Ariège, Pyrénées-Orientales................................	20 fr.
XVIII.	Ardèche, Lozère, Gard, Hérault...........................	20 fr.
XIV.	Rhône..	25 fr.
III.	Ardennes, Meuse, Meurthe-et-Moselle, Marne, Seine-et-Marne, Aube, Haute-Marne, Vosges.................................	30 fr.
IX.	Loir-et-Cher, Loiret, Cher, Indre, Creuse, Haute-Vienne, Corrèze..	30 fr.
XII.	Haute-Saône, Haut-Rhin, Doubs, Jura, Ain.................	30 fr.
XIX.	Haute-Savoie, Savoie, Isère, Hautes-Alpes, Drôme.........	30 fr.
XX.	Vaucluse, Basses-Alpes, Alpes-Maritimes, Bouches-du-Rhône, Var..	35 fr.
V.	Eure, Eure-et-Loir, Calvados, Manche, Orne...............	40 fr.
VI.	Seine, Seine-et-Oise.....................................	40 fr.
VII.	Côtes-du-Nord, Finistère, Ille-et-Vilaine, Mayenne, Morbihan, Loire-Inférieure...	40 fr.
VIII.	Maine-et-Loire, Indre-et-Loire, Vendée, Deux-Sèvres, Vienne, Sarthe...	40 fr.
XV.	Charente-Inférieure, Charente, Gironde, Dordogne.........	40 fr.
XVI.	Lot-et-Garonne, Landes, Gers, Basses-Pyrénées, Hautes-Pyrénées..	//
	b) **Pour les lignites seulement provenant des Bouches-du-Rhône, Vaucluse, Basses-Alpes et Var.**	
XX et XIX.	Vaucluse, Basses-Alpes, Alpes-Maritimes, Bouches-du-Rhône, Var, Haute-Savoie, Savoie, Isère, Hautes-Alpes, Drôme.....	20 fr.

N. B. — Les numéros sont ceux des groupements des industriels de l'armement dont les limites territoriales ont servi à déterminer les régions.

RÉGIONS.	GROUPEMENTS.		FONCTIONNAIRES de L'INTENDANCE.	PRÉSIDENTS.
C. R. P.	SEINE ET SEINE-ET-OISE.	Paris.......	....	M. *Colas*, tanneur-corroyeur, 23, rue d'Angoulême, à *Paris*. [Tél. Roq. 31-71].
NORD.	NORD....... AISNE.......	Dunkerque...	M. *Haffemayer*, sous-intendant à *Dunkerque*.	M. *Duménil*, à *Coudekerque*.
	PAS-DE-CALAIS.	Boulogne....	M. *Chauvin*, sous-intendant à *Boulogne*.	M. *Brun*, administrateur délégué des biscuits Vendroux, à *Calais*.
	SOMME......	Amiens......	M. *D'Everlange*, sous-intendant à *Amiens*.	M. *Carmichael*, industriel à *Ailly-sur-Somme*.
	OISE........	Beauvais.....	M. *Sigala*, adjoint à l'intendance, chargé de la sous-intendance à *Beauvais*.	M. *Communeau*, à *Beauvais*.
3°....	SEINE-INFÉR°..	Rouen......	M. *Girard*, sous-intend^t m^{re}.	M. *Lafosse*, gérant.
		Elbeuf......	M. *Desbois*, sous-intend.^{t} m^{re}.	M. *Paul Fraenckel*, président de la Chambre de commerce d'*Elbeuf*.
		Bolbec-Lillebonne.	M. *Girard*, sous-intendant militaire à *Rouen*.....	M. *G. Lemaître*, à *Bolbec*.
	CALVADOS....	Caen.......	M. *Corberaud*, sous-int^t m^{ro}.	M. *Adeline*, filateur à *Lisieux*.
	EURE.......	Louviers.....	M. *Gaucher*, sous-int^t m^{re}.	M. *Miquel*, fabricant de draps à *Louviers*.
...4°.	SARTHE......	Le Mans.....	M. *Gallot*, attaché d'intendance, *Le Mans*.	M. *Cohin*, tanneur, *Le Mans*.
	MAYENNE.....	Laval.......	M. *Tremblaire*, attaché adjoint au sous-intendant, à *Laval*.	M. *Masseron*, industriel à *Laval*.
	EURE-ET-LOIR.	Chartres.....	M. *Lagougine*, attaché d'intendance, adjoint au sous-intendant à *Chartres*.	M. *Chenu* (Fernand), minotier à *Chartres*.
	ORNE........	Alençon.....	M. *Bouquet*, attaché d'intendance, adjoint au sous-intendant à *Alençon*.	M. *Duhazé*, à *Flers*.
5°....	LOIRET......	Orléans.....	M. *Loiseau*, attaché à la 1re sous-intendance à *Orléans*.	M. *Pouroy*, 9, rue du Colombier, à *Orléans*.
	SEINE-ET-MARNE.	Meaux......	M. *Broustail*, lieutenant détaché à la sous-intendance de *Melun*.	M. *Prevet*, 48, rue des Petites-Ecuries, à *Paris*.
	YONNE.......	Auxerre.....	M. *Berger*, attaché à la sous-intendance à *Auxerre*.	M. *Maurice Menant*, tanneur à *Avallon*.
	LOIR-ET-CHER.	Blois.......	M. *Mellotée*, attaché à la sous-intendance, à *Blois*.	M. *Renard* (Chocolat Poulain), à *Blois*.

RÉGIONS.	GROUPEMENTS.		FONCTIONNAIRES de L'INTENDANCE.	PRÉSIDENTS.
6°....	MEUSE........ MARNE........	Bar-le-Duc...	M. *Solirène*, attaché d'intendance à *Bar-le-Duc*.	M. *Kleinknecht*, à *Bar-le-Duc*.
7°....	DOUBS........ AIN......... JURA........	Besançon....	M. *Castelain*, comité d'action économique, attaché d'intendance à *Besançon*.	M. *Gaston Japy*, industriel à *Fisches-le-Châtel* (Doubs).
	HAUTE-SAÔNE..	Vesoul......	M. *Ackermann*, sous-intendant à *Vesoul*.	M. *G. Clerget*, industriel à *Vesoul*.
	HAUT-RHIN ... (BELFORT.)	Belfort......	M. *Torau Bayle*, sous-intendant à *Belfort*.	M. *Boigeol*, industriel à *Giromagny*.
8°....	CÔTE-D'OR.... SAÔNE-ET-LOIRE	Dijon.......	M. *Jeannot*, attaché d'intendance à *Dijon*.	M. *Amédée Blandin*, minotier, 34, rue Colson, à *Dijon*.
	CHER........	Bourges.....	M. *Pinet*, sous-intendant militaire à *Bourges*.	M. *Joseph Mignon*, 12, rue Charlet, à *Bourges*.
	NIÈVRE	Nevers.......	M. *Gallois*, attaché à l'intendance, 2° service, à *Nevers*.	M. *Émile Bluzat*, 44, rue Félix-Faure, à *Nevers*.
9°....	INDRE-ET-LOIRE	Tours.......	M. *Henriet*, attaché à la sous-intendance à *Tours*.	M. *Lenay*, minotier, à *Loches*.
	INDRE.......	Châteauroux.	M. *Mattei*, attaché à la sous-intendance à *Châteauroux*.	M. *Balsan*, industriel, à *Châteauroux*.
	DEUX-SÈVRES.. VIENNE	Niort.......	M. *Mutin*, sous-intendant militaire à *Niort*.	M. *Boinot*, fabricant de dégras à *Niort*.
	MAINE-ET-LOIRE	Angers......	M. *Bertrand*, attaché à la sous-intendance à *Angers*.	M. *Richard*, 1, faubourg Saint-Martin, à *Angers*.
10°...	ILLE-ET-VILAINE CÔTES-DU-NORD. MANCHE......	Rennes......	M. *Fontaine*, attaché de 1re classe au Centre de tannage, 10° R°° à *Rennes*.	M. *Zwingelstein*, tanneur à *Rennes*.
11°...	LOIRE-INFÉR°.. MORBIHAN.... FINISTÈRE....	Nantes......	M. *Boursaut*, sous-intendant au 1er service à *Nantes*.	M. *Merlant*, tanneur à *Nantes*.
	VENDÉE......	La Roche-sur-Yon.	M. *Coupillaud*, attaché d'intendance à la sous-intendance à *la Roche-sur-Yon*.	M. *Blois*, blanchisseur à *la Roche-sur-Yon*.

RÉGIONS.	GROUPEMENTS.		FONCTIONNAIRES de L'INTENDANCE.	PRÉSIDENTS.
12ᵉ...	Haute-Vienne. Creuse Corrèze	Limoges.....	M. *Lagarosse*, adjoint d'intendance à la sous-intendance à *Limoges*.	M. *Patry*, tanneur à *Limoges*.
	Charente	Angoulême...	M. *Bonnefoy*, adjoint d'intendance à la sous-intendance à *Angoulême*.	M. *Desbouchaud*, industriel à *Nérac*.
	Dordogne	Périgueux ...	M. *Bergeron*, attaché d'intendance à la sous-intendance à *Périgueux*.	M. *Léonce Fourgeaud*, à *Périgueux*.
13ᵉ...	Puy-de-Dôme. Allier Cantal Haute-Loire	Clermont-Ferrand.	M. *Ménard*, attaché à l'intendance, 1ʳᵉ sous-intendance, à *Clermont-Ferrand*.	M. *Honoré Humbert*, 61, boulevard Bergoria, à *Clermont*.
	Loire	Saint-Étienne.	M. *Rivero*, attaché à l'intendance à *Saint-Étienne*.	M. *Gabriel Forest*, à *Saint-Étienne*.
14ᵉ...	Rhône	Lyon	M. *Cazerès*, sous-intendant militaire à *Lyon*.	M. *Gillet*, à *Lyon*.
	Isère. Haute-Savoie. Savoie	Vienne	M. *Clémenson*, sous-intendant, centre de fabrication de draps à *Vienne*.	M. *Brenier*, président de la fabrique Viennoise à *Vienne*.
	Drôme. Hautes-Alpes.	Romans	M. *Berruyer*, sous-intendant au centre de tannage à *Romans*.	M. *Cara*, tanneur à *Romans*.
15ᵉ...	Bouches-du-Rᵉ. Var. Alpes-Maritᵉˢ. Basses-Alpes. Gard. Vaucluse. Ardèche.	Marseille....	M. *Croquez*, adjoint à l'intendance.	M. *Émile Roustan*, 12, rue Cannebière, à *Marseille*.
16ᵉ...	Hérault	Montpellier ..	M. *Musso*, sous-intendant de 2ᵉ classe.	M. *Delpon*, fabricant de draps à *Clermont-l'Hérault*.
	Lozère. Aveyron.	Rodez	M. *Delvove*, attaché d'intendance.	M. *Paul Aigouy*, tanneur à *Millau*.
	Pyrénées-Orᵉˢ. Aude.	Perpignan ...	M. *Andrieu*, attaché d'intendance.	M. *Guinot (Charles-Albert)*, fabricant de conserves à *Perpignan*.
	Tarn.	Castres	M. *Durand*, adjoint à l'intendance.	M. *René Lecamus*.
17ᵉ...	Haute-Garonᵉ. Lot-et-Garonᵉ. Lot. Tarn-et-Garᵉ. Gers.	Toulouse....	M. *Gleyes*, attaché à la sous-intendance des cuirs à *Toulouse*.	M. *Budin (Dʳ Léon)*, à *Toulouse*.
	Ariège	Lavelanet....	M. *Manger*, adjoint à la sous-intendance des cuirs à *Lavelanet*.	M. *Dumons (Victor)*, fabricant de draps à *Lavelanet*.

RÉGIONS.	GROUPEMENTS.		FONCTIONNAIRES de L'INTENDANCE.	PRÉSIDENTS.
18e...	GIRONDE..... CHARENTE-INFe. BASSES-PYRÉNes. HAUTES-PYRes.. LANDES.......	Bordeaux....	M. *De Luze*, adjoint au 1er service à *Bordeaux*.	M. *Rodel*, à *Bordeaux*.
		Bayonne.....	M. *Joube*, adjoint à la sous-intendance à *Pau*.	M. *Beyrines*, à *Ossès*.
20e...	AUBE........	Troyes......	M. *Michel*, adjoint à l'intendance, directeur du magasin régional de l'habillement à *Troyes*.	M. *Portal* (établissements Mauchauffée) à *Troyes*.
	-MEURT.-ET-MOS.	Nancy.......	M. *Poimiro*, attaché à l'intendance, contentieux à la sous-intendance à *Nancy*.	M. *Luc*, tanneur à *Nancy*.
21e...	VOSGES...... HAUTE-MARNE.	Épinal......	M. *Bloud*, attaché à l'intendance, sous-intendance à *Épinal*.	M. *Juillard*, président du syndicat cotonnier à *Épinal*.
"	ALSACE......	Vallée de la Thur.	....	M. *Gros Romans*, à *Wesserling* (*Alsace*) et 6, rue d'Uzès, à Paris.
		Vallée de la Doller.	....	M. *Isidore André*, à *Massœeaux*.